Giuseppe Macrì

Sentieri inaspettati

Giuseppe Macrì

Sentieri inaspettati

Raccolta di poesie

Edizioni Sant'Antonio

Imprint
Any brand names and product names mentioned in this book are subject to trademark, brand or patent protection and are trademarks or registered trademarks of their respective holders. The use of brand names, product names, common names, trade names, product descriptions etc. even without a particular marking in this work is in no way to be construed to mean that such names may be regarded as unrestricted in respect of trademark and brand protection legislation and could thus be used by anyone.

Cover image: www.ingimage.com

Publisher:
Edizioni Accademiche Italiane
is a trademark of
International Book Market Service Ltd., member of OmniScriptum Publishing Group
17 Meldrum Street, Beau Bassin 71504, Mauritius

Printed at: see last page
ISBN: 978-613-8-39104-3

Sentieri inaspettati

Raccolta di Poesie

Giuseppe Macrì

Indice

Introduzione

La mia seconda raccolta di poesie.

L'amore per la scrittura poetica nasce, non per dare questioni romantiche, ma per spiegare alla gente attraverso la poesia e l'arte come un essere umano non può incatenarsi a certi fattori e figli di un sistema.

In questa seconda raccolta di poesie miro a scrivere parole rubate alla vita quotidiana, che inaspettatamente ho catturato riuscendo a intrappolarle in un foglio, che artisticamente li ho trasformati in vita.

Con questa nuova scrittura vorrei lasciare un punto interrogativo, cosicché, la gente trova la mia poesia non difficilissima da leggere, ma da capire, perché, appunto racconto l'essenza delle cose semplice in una forma semplicistica e libera.

Nelle prime poesie scrivo momenti della mia vita transitori, senza identità, e scarse volontà di esistere. Analizzo come l'arte può migliorare la vita, dunque la poesia rispecchia il volto del presente, e nelle poesie racconto come l'umano ha un amore prezioso, ed è quello della vita.

La patria e le persone che ci girono intorno, anche quella che, é arte, non è culturale, ma è poetica, perché i volti degli esseri umani sono volti che emanano poesia, che sia triste o felice, però quella è una poesia sentimentale costruita da parole quotidiane.

Le poesie sono frutto, di comunicazioni e comportamenti societari, l'arte è in tutte le cose, basta solo in che posizioni le guardi, solo se noi possiamo dargli una forma, se lo vogliamo, ed è giusto che inseriamo arte e poesie in tutte le cose della vita quotidiana, perché tutto è poetico, anche quando cammini o fai la spesa, se incastriamo la poesia e la mettiamo nei momenti quotidiani, il tutto prenderebbe una forma, e così otterremo un'altra visuale alla vita.

Certamente vedere quello che vuoi, ha certamente il suo valore, ma vederlo con la mente non è lo stesso valore visivo, appunto le mie poesie sviluppano anche circostanze di quotidianità che rappresentano anche dolci e cattive teorie sociali.

L'umano ha un potere che è la parola, e nelle ultime poesie sono riuscito a dare una forma ai miei scritti.

Monotonia

Danzo col tempo

Per trovare un equilibrio

In queste giornate senza sorrisi.

La mia vita pesa

Come pesa il politico per il suo popolo.

Udire il suono delle campane

Le lancette dell'orologio

Completano il loro compimento

Dietro la mia vista

La strada del tempo si fa più lunga.

Il suolo trema al ticchettio

Delle mie scarpe

Sguardi attenti al mio rumore.

Il buttafuori del sole mi vuol

Cacciar da questa giornata.

Le mie scarpe rotte han fatto arrabbiare

Anche il sole.

Non mi pedinare

Caro sole

Lasciami una strada libera

Dove posso piangere

La mia triste vita

Penso dunque non sono

Sono inesistente agli occhi della società

Un numero vuoto

Le nuvole lasciano spazio al sole

Per fare luce sulla terra.

La moltitudine

Con le loro mani piene di strumenti

Evitano il sole

Lo vogliono comprare

Per padroneggiare

Anche su di esso.

Mistica terra

Caro paesello mio

Son consapevole delle mie azioni

Ti ho tradito

Ho sposato un'altra terra

E ti chiedo umilmente scusa.

Gradisci il mio saluto

E mi sussurri che mi vuoi bene.

Occasionalmente

Rivivo la mia fanciullezza

E sento la tua calda mano

Che mi accarezza

Io arrossisco dalla felicità.

È passato quel maledetto treno

E, io con gli occhi pieni di lacrime

Son salito sopra

Senza accorgermi degli anni

Adesso son cresciuto

E come vedi

Ho cambiato alcune cose
Nella mia vita.

In data odierna
Le mie emozioni non provano più
Quel sapore terreno.

Antica e meravigliosa terra
Qui le domande esistono
Solo quando
Si tende al cambiamento ?

Le risposte sono interpretate
Da persone nude da ogni conoscenza ?
O meglio,
Le sanno ancor prima
Che qualcuno espone la domanda ?

Mio dolce e caro paese
Questo è un luogo che non mi si addice
Oramai sei precipitato in un baratro
E tutte le anime sono cadute in questa vuoto.

Nel mio enunciar

Tento di udir

Domande che spiccano il volo

Senza trovar una via di uscita.

Luogo di sole e di storia

La luce dello stesso sole

Ti abbaglia e t'illumina

E il cielo ti rispecchia

Sempre più bella e mistica

Ma mai cambiata.

O dolce paese

Se nel mio pensar

Ti parlo da figlio

Senza cambiamento

Rimani bella in eterno

Ma sempre nuda

Da ogni tipo di libertà e conoscenza.

Pensieri non corrisposti

Penso che tutto questo

Non coincide

Con il mio esser indipendente

E chiedo venia

Se sono stato fanciullesco

Nei confronti

Delle cosiddette grandi menti.

Incontri romantici.

Potrò guardare

Dentro

Al tuo cuore

Avvicinarmi

Al suo mistero

Non come

Quando

Io ragiono.

Capodanno

Odio il capodanno

Non concepisco

Codesta data

L'individuo

Elogiando

Codesto momento

Non riflette

Sul divenire che gli attende.

Affamati

Di sorrisi e felicità

Codesto attimo

È riconosciuto

Solo perché

Una folla di gente

Augura a te

Un anno pieno di gioie

Dopodiché

Il buio assoluto

Nessuno

Conosce nessuno

Con una sola parola

Non si può

Coprire

Un anno intero.

Incontri causali.

Se mi fossi

Inventato tutto

Non sarei qui

Ora a scrivere

Parole

Rubate al mio cuore.

Se solo mi facessi

Entrare nel tuo cuore

Ti darei il mio sorriso

In eterno.

Solo per ricordarti

Della mia presenza.

Ti donerei la mia vista

Per convincerti

Che sono cambiato

Se potessi

Vivrei nella tua bocca

Solo per regalarti

La dolcezza che meriti.

Se tu

Non lo volessi

Cambierei vita

E farei di tutto

Per entrare

Nel tuo cuore.

E Vorrei

Dipingere

La mia vita

Con te.

Occhi blu

Il solito caffè

Nel solito posto

Battutina alla barista

E si parte

Per cambiare il mondo

Ho in mente

Parole nuove

Per un altro

Libro.

Prima che andassi

A padroneggiare

Sui fogli.

I miei occhi

Vedono

Un dipinto

In movimento

Il suo viso cancella

Tutte le date nella mia agenda.

Sguardi intensi.

Appoggiai solo

Per un attimo

Il mio sguardo dentro

I tuoi occhi.

Ti seguo con gli occhi

Vedo che dalla borsa

Togli un libro di filosofia

Faccio tre passi

Verso di te

Per chiederti:

“Sai, abbiamo una cosa in comune”

Iniziammo a parlare

E mi sono scordato l’esistenza dell’orologio.

Musica

Non sono soltanto parole

Non sono solo note danzanti.

È una cura

Per l'uomo

Che vuole abbondonarsi a se stesso.

È buona compagna

Di momenti.

Viaggiamo nelle bellezze dello spazio temporale.

Senza utilizzare le droghe

Possiamo colorare il cielo

Solo con la mente.

Accompagna ogni tipo di persona

L'unica donna che non morirà mai.

Vento del sud

Apre la mia porta

Porta con sé

I miei pensieri

Inizia timido

Per portarsi

Via

Il tramonto

Il vento del mar

Cavalca le onde

E illumina i gabbiani

Il vento della città

Ha un tono musicale

La sua voce

È incantevole

Che a volte

Non riesce

A controllarsi.

15 febbraio

Imperterrito è il tuo sguardo

È un attimo

I tuoi occhi

Parcheggiano

Sul mio viso.

Tu impreparata

Per questo incontro

Cerchi

La strada dell'indifferenza

Giacevi nel tuo caffè amaro

Trovasti solo parole congelate.

Non persi l'occasione

Per parlarti.

Il tuo viso

Si colorò di rosso

Con la voce tremante

Esclamasti:

Sì, sono io

Non bevo caffè

So chi sei

E mi farebbe piacere

Se accettassi una tisana

Domani.

I miei cari

L'acqua scorre

Come le persone

Dalla vita.

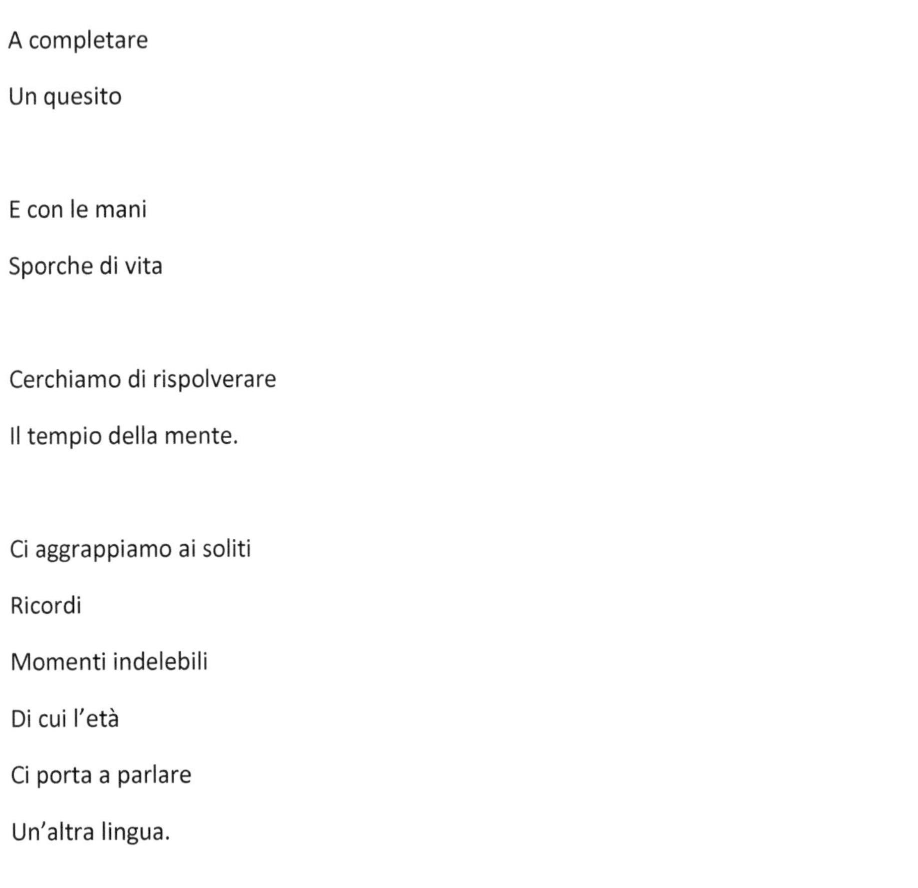

Il tempo ci porta

A completare

Un quesito

E con le mani

Sporche di vita

Cerchiamo di rispolverare

Il tempio della mente.

Ci aggrappiamo ai soliti

Ricordi

Momenti indelebili

Di cui l'età

Ci porta a parlare

Un'altra lingua.

Mamma

Le tue braccia pesano

Come gli anni

Che hai portato

Sopra la tua schiena.

Incosciente di un futuro

Intrappolata da un presente

Donna

Tu che hai disegnato

Una semplice casa

In una reggia

Desideravi carezze

E un cielo per specchiarti

Ti confido una cosa:

Anche le stelle

Sono invidiose di te.

Quiete

Ti osservano

E chiacchierano sempre di te.

Hanno timore

Perché un giorno

Gli potresti rubare il posto.

Esprimesti un desiderio

Scordasti le tue piaghe vitali

E regalasti la tua vita

Ai tuoi frutti preferiti

Le stelle con il broncio

Osservano il tuo gesto

E ti donano

La luce della notte

Per illuminare

I tuoi frutti preferiti

Nell'eternità.

Papà

Cavalchi un presente

Eterno.

Paroliere senza fini ultimi.

Hai stipato la tua presenza

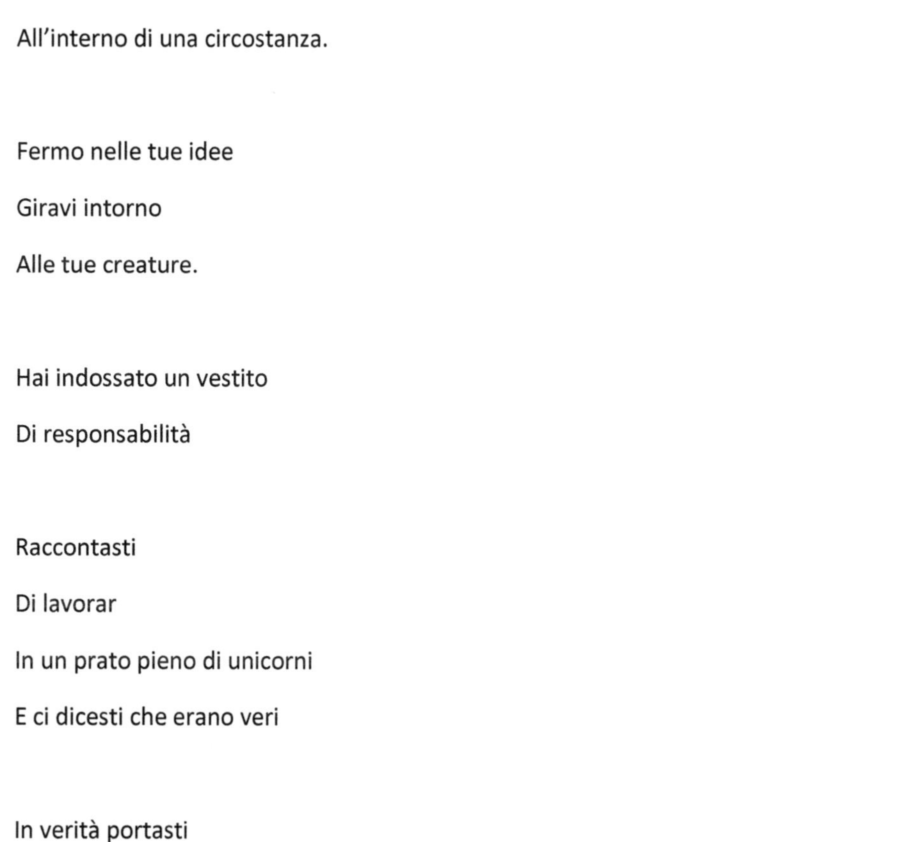

All'interno di una circostanza.

Fermo nelle tue idee

Giravi intorno

Alle tue creature.

Hai indossato un vestito

Di responsabilità

Raccontasti

Di lavorar

In un prato pieno di unicorni

E ci dicesti che erano veri

In verità portasti

Solo fiabe.

Scarso di competenze
Rubasti con odio e rancore
I salari a gente di vino.

Ammettere che sei
Anche tu un figlio
Mi solleva per scrivere
Codesta poesia.

Lottare in silenzio

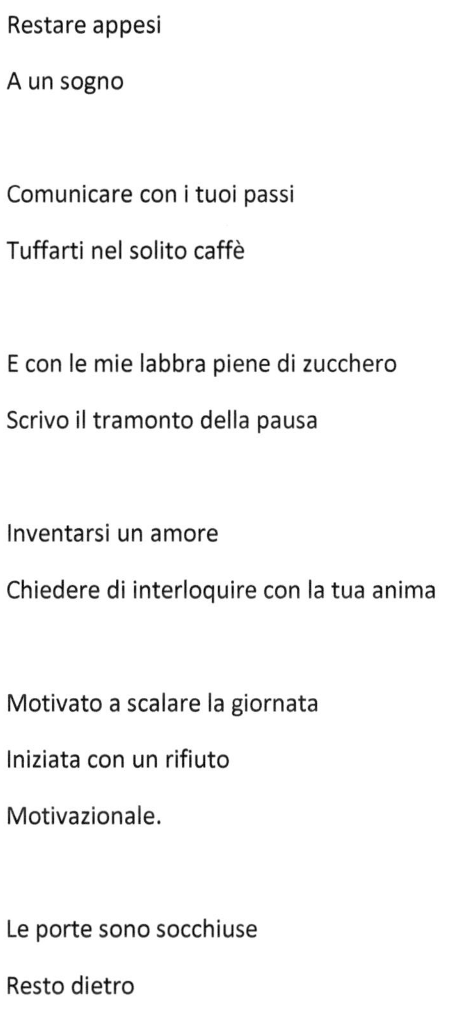

Restare appesi

A un sogno

Comunicare con i tuoi passi

Tuffarti nel solito caffè

E con le mie labbra piene di zucchero

Scrivo il tramonto della pausa

Inventarsi un amore

Chiedere di interloquire con la tua anima

Motivato a scalare la giornata

Iniziata con un rifiuto

Motivazionale.

Le porte sono socchiuse

Resto dietro

Perché ho paura di bussare.

Empatia

Giochiamo in una giostra

Di dolori

Regaliamo sorrisi di platino

A gente senza identità.

Gente di mare

Hai stipato con cura i tuoi sogni

Ancor prima di cavalcare

L'onda più alta della tua vita

Speranzoso e volenteroso

Fuggisti dal fuoco

Per una nuova identità

E nuotasti verso una nuova vita.

Ipocrita è il nostro vero nome

Manifestiamo la nostra pace

Pronti a rifiutare

Una stretta di mano pacifica.

Complimentarci per il nostro orgoglio

Per una terra conquistata.

Presentiamo un mondo

Senza natura.

L'uomo è la vera natura

Sosteniamo la pace

E le sue ragioni

Non hanno fine.

Tuffiamoci nella stessa acqua

Di coloro che ci han lasciato

Speranze.

Attimi di pace

Attimi di umanità

In un mondo pieno d'ipocrisia

E scarsa empatia.

Primavera

Cambia il profumo sulle strade
Ci denudiamo di averi

L'iride dei nostri occhi è più vivace
Presentiamo un'intensità sentimentale

La natura ci sorride
Ci rallegriamo dei nuovi sapori
Ci svegliamo da un inverno tremante

Pronti per danzare sopra un tappeto verde
Il sole ci bacia e ci illumina

Il cuore parte da solo e s'innamora
Felici ma ignari dei passi
Riscaldati da una primavera ancora giovane.

Sogni

Inerme aspettai in un angolo

Passò un giocoliere di pensieri

Mi catturò e mi portò con sé

In un sogno di primavera.

Ignaro del suo volere

Nuotavo nei suoi pensieri.

Leggevo dentro di lui

Parole senza un fine

Appese da una fune fragile.

Tutto frutto della mia distrazione

Ritornai nella mia coscienza

E vidi lo stesso sogno.

22:30

Immune alle ferite culturali

Rinnovi le conoscenze

Cerchi di selezionare

Anime prese in prestito

Nella strada.

Rammaricato

Torni

Nella solitudine della notte

Esattamente in una notte

Di mezza primavera.

Coperto da una luce artificiale

E un singhiozzo

Che profuma di vino.

Amico mio

Vaghi con la tua mente fragile

Rincorri le tue farfalle.

La tua giostra di emozioni

Ti aiuta a chiudere una frase

Enunciata con una linea di balbuzie.

Le tue lacune

Sono visibili agli occhi della gente

In veste di poeta

Scrivi frasi su carta stampata

Ti trovi a leggere le tue parole

Piangi e ridi

E ti stringi alle tue paure

Le tue mani sudano parole

Stampate con la luce del cuore.

Al mio Maestro

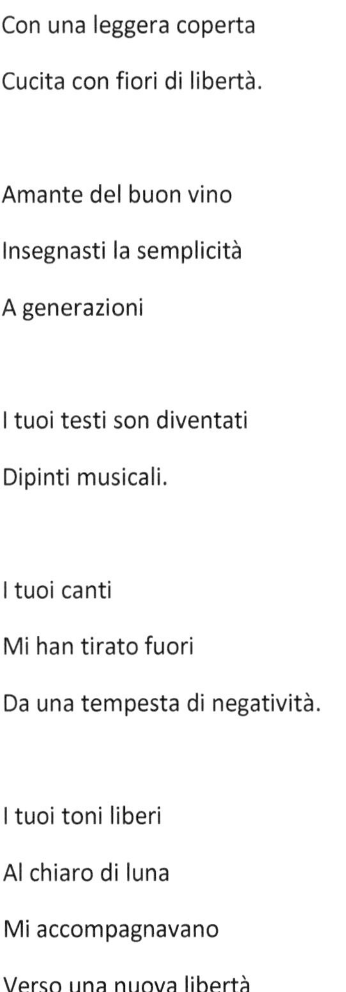

Venisti con amore
Mi copristi
Con una leggera coperta
Cucita con fiori di libertà.

Amante del buon vino
Insegnasti la semplicità
A generazioni

I tuoi testi son diventati
Dipinti musicali.

I tuoi canti
Mi han tirato fuori
Da una tempesta di negatività.

I tuoi toni liberi
Al chiaro di luna
Mi accompagnavano
Verso una nuova libertà

La tua voce è immortale

Come il tuo nome che un'opera d'arte.

Luna

Chiara e luminosa

Con il tuo bagliore

Osservavi i miei passi

Alzai il capo

La tua luce

Mi seguiva

Il giorno è arrivato

Un'altra luce è pronta

Per vestire i fiori di felicità.

Cattive strade

Abbondare la tempesta

Per quattro gocce di pioggia

Seminare acqua per strada.

Caro amico

Non andare via

Stringi forti i denti

E sorridi

Respira e spara parole a salve

Vola e porta via con te

Il tuo cappotto nero

I soldi dell'affitto

Sono soldi temporanei

Come la nostra vita.

Non fermati per quattro denari

Avvolgi la tua anima

Con la voglia che hai di volare

Ferma tutto quello che stai facendo

E cercati una donna con i muscoli.

Esisti

Mi son perso

Il verde mi piace

I riccioli mi affascinano

Il tuo profilo francese

Contadino per amore

Consumatore di caffè

L'eccitazione che ho di te

L'amore che nasce

Ogniqualvolta che ti saluto

Il mio saluto è con la mano sinistra

Perché sento Il battito dentro di me

Lo sento

Lo vivo

Ogniqualvolta che vedo te.

Volare

Violini colorati

Angeli danzanti

L'oltre suono della vita.

Viaggio su una nuvola

Gioco felice

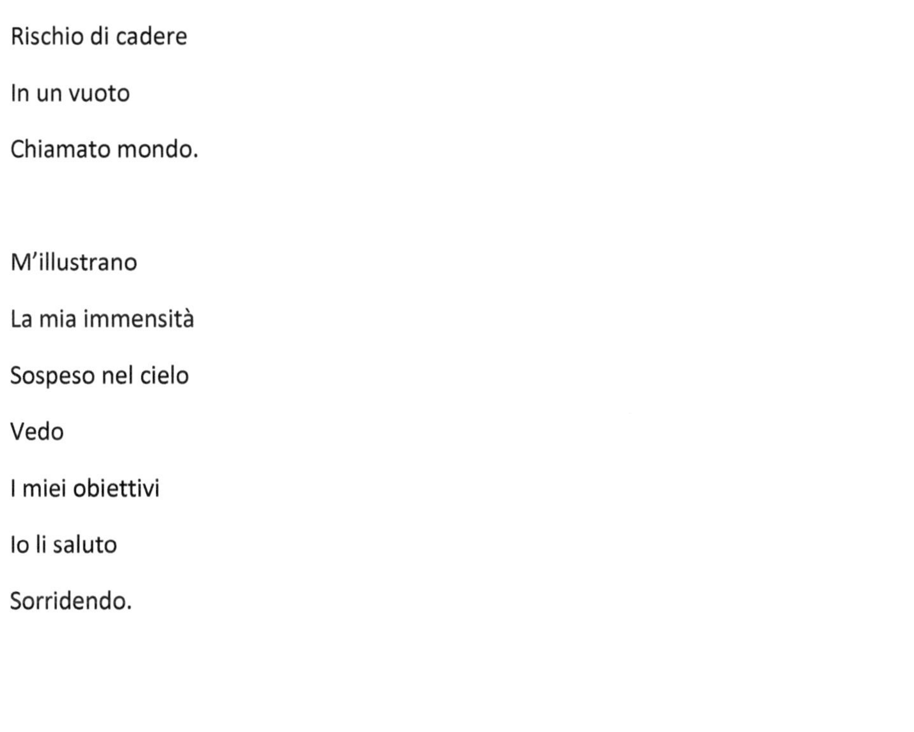

Rischio di cadere

In un vuoto

Chiamato mondo.

M'illustrano

La mia immensità

Sospeso nel cielo

Vedo

I miei obiettivi

Io li saluto

Sorridendo.

Notte

Vittima di quella notte

Mi sono arreso

Mi hai battuto

Caro alcool

Di nuovo insieme

Mi hai abbracciato fino all'alba.

Gli anni passano

Noto con piacere

Che sei diventato

Un pochino pesante.

Il mio bicchiere

Pieno di emozioni

Pieno di pensieri

Pieno di dialoghi

Imbarazzanti

Ricolmi

Da un infinito

E temporaneo

Desiderio

Di vivere

La vita ancora una volta.

La fontana

Cespuglio verde

Mi trovo seduto

Su una panchina

L'albero senza rami

Non è inverno

La fontana

Fa da souvenir

È bella per una foto

Ma non fa il suo lavoro

Bussò nella porta sbagliata

Una signora bella

Mi disse: desideri?

Vorrei chiedere

Semplicemente

Un bicchiere d'acqua.

Piuma

Sarà il tuo nome

Saranno i tuoi capelli dorati

Ma la mia vista si ghiaccia

Non aver paura

Non tremare

Ti ammiro

Ammiro la tua voce

E i tuoi passi

Dolci e quieti

Elegantemente

Ti senti osservata

Sarà la gente

Buttano l'occhio

Per rapinare

La tua estetica bellezza.

Una notte strana

Sorprende

Orgogliosamente

Il mio panorama si oscura

E non potrei dividere

La strada

Da quelli che mi han tolto l'identità.

Zoppico e senza una gamba

Resuscito da una tempesta di vino

Solitario cerco la strada

Strizzo l'occhio a una donna

Bella e misteriosa

Sentieri mai visti

Si narra che in un sentiero si son visti:

Piedi verdi

E orizzonti blu

Ma l'acqua in quel sentiero non c'era più

Un ragazzo apre un libro e si siede

Dato che pioveva

Il ragazzo si coprì sotto un albero

Da lontano spuntò un grosso e barbuto uomo di nome Dio

Intravede il ragazzo, si avvicinò, e con l'aria incuriosita gli disse: "Perché sei entrato in questo sentiero oramai sconosciuto"?

Dio: Ascolta ragazzo:

Sono il proprietario del sentiero

Qual è la motivazione di questo tuo possedimento temporaneo ?

Il ragazzo: Sono qui per leggere e conoscere

Dio: Perché non sei in quelle grandi stanze

Pieni di libri

Dove tutti sono seduti a leggere ?

Il ragazzo: No, signore

Sono qui per evadere da quella gente

Che legge per uno scopo preciso

Dio: Quale scopo ?

Il ragazzo: Per scopi politici ed economici

Non leggono per una loro cultura personale.

Solo per vendere la loro cultura ai signori dell'Università.

Dio: Capisco!

Il ragazzo: Gentile signore io leggo per poi adattare

Tutto quello che ho imparato

Nella vita.

Dio: Interessante !

Vieni con me !

Ti faccio vedere una cosa

Il ragazzo: Si si signore !

Dio: Ascolta, in questo sentiero

Ci vivo da tanti anni ormai

E non ho mai incontrato

Persone sincere come te

Ti regalo questo libro

Che un giorno ti possa

Donare quello che stai cercando

Mi è stato donato da un principe celeste

Il libro parla come rispettare madre natura

Il ragazzo: Grazie signore !

Il ragazzo: Ma come vi chiamate esclamò il ragazzo ?

Dio: Mi chiamo Dio

Ma non lo dire a nessuno

Rimane un segreto tra te e il sentiero

La natura ti osserva e ti aiuta a crescere

Quando hai voglia di recarti al sentiero

Sappi che io veglierò su questo posto,

Ma la prossima volta verrò, sotto forma di coccinella o di farfalla.

Non calpestare nessun tipo di animale

Perché potresti uccidere me o la natura.

Il ragazzo con gli occhi aperti e pieni di lacrime scappò via.

Il giorno successivo andò al sentiero

E vide una farfalla che si posò sul libro

E con un colpo di ali voltò pagina

Dove c'era scritto:

La natura è la madre di tutti noi

E tu sei il suo figlio prediletto

Il tuo bene salverà tante anime tristi e dannate a un purgatorio terreno.

...E da quella frase il sentiero diviene la sua dimora.

La candela

La candela si accenda

Per illuminare la casa

La sua fiamma rossa e gialla

Mi ricorda il fuoco acceso nel mio camino

Dove mi sedevo per riscaldarmi dal freddo

E raccontavo la mia giornata alla brace di turno.

La fiamma della candela mi guardava

Con il suo sorriso luminoso

Ferma a tenermi compagnia

Il suo enorme calore

Riempie una casa vuota di amore

La sua ombra riflette sul muro e sul mio libro.

Anche se fuori c'è festa

Preferisco l'incertezza dell'amore

Che mi da la candela.

Un’altra volta

È sera

Ho finito di studiare

E come ogni sera

Mi reco nella mia dimora

E sulla stessa e monotona strada

Incontro te.

Ho paura

Tremo

Non riesco a guardarti

E con la testa bassa

Ti passo vicino

Non mi lascio traportare dal cuore.

Soffro tanto

Quando t’incontro.

Lo stesso giorno

Da dove sono seduto

Riesco a vedere le montagne

I miei occhi mi legano

In un modo sentimentale

Al paesaggio che ho davanti

Purtroppo il panorama si spezza

Divide il traffico delle città

Illuminate dal sole

Con il cielo azzurro e le nuvole a forme di angeli.

C'è gente che immortala tutto

Ogni cosa, anche quella che a noi, ci sembra banale.

Sorrisi e foto

Al tramonto della sera

L'alba inizia col sole già riscaldato

Sono pronto a rifare lo stesso tragitto di ieri.

Gli alberi danzano e fanno una strana danza.

Soffiati dal vento

Nostalgico asciugo le lacrime

Si avvicina un cane e mi lecca le lacrime

Una persona suona la chitarra e posa la sua birra chiara.

Entusiasmo stagionale.

Conclusioni

Giuseppe Macrì, studioso di filosofia estetica.

Nato a Crotone terzo e ultimo di tre figli. All'età di ventuno anni dovette lasciare il suo amato paese calabrese e trasferirsi nel capoluogo Umbro, autore di ben tre pubblicazioni: due raccolte di poesie e un libro su Kierkegaard. Nel 2017 si laurea alla magistrale in Filosofia a Perugia e sempre nello stesso anno consegue la laurea in Teologia presso L'Istituto Universitario Sophia.

Non mi ritengo uno studioso di Kierkegaard però, mi piace studiare il suo pensiero estetico.

Amante della filosofia antica e moderna.

"Il mio lato poetico l'ho portato alla luce nel mio periodo più drammatico, triste e malinconico della vita."

La mia malinconia in un certo aspetto mia ha aiutato a riflettere sulla vita, mi ha donato qualcosa che avevo nascosto, e, a me tanto sconosciuto.

La mia poesia deve entrare nella mente non nella bocca.

Nella mia raccolta traduco il pensiero poetico quotidiano e lo trasformo in arte,

l'arte è la difesa di ognuno di noi, noi facciamo parte di un sistema estetico e poetico, la poesia vive dentro di noi, è il nostro lume, senza poesie non siamo niente, un pizzico di poesia ovunque, il nettare dell'uomo è la poesia, perché vive in tutte le cose che noi facciamo.

L'essere umano è poetico per natura.

Printed by Books on Demand GmbH, Norderstedt / Germany